广西全民阅读书系

广西全民阅读书系

元吉 著 桃染 绘

中国妇产科学奠基人林巧稚

小学版

广西出版传媒集团 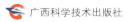 广西科学技术出版社

图书在版编目（CIP）数据

中国妇产科学奠基人林巧稚 / 元吉著；桃染绘 . — 南宁：广西科学技术出版社，2025.4. — ISBN 978-7-5551-2424-5

Ⅰ . K826.2-49

中国国家版本馆 CIP 数据核字第 2025 NQ 4344 号

ZHONGGUO FUCHANKEXUE DIANJIREN LIN QIAOZHI
中国妇产科学奠基人林巧稚

总 策 划　利来友

监　　制　黄敏娴　赖铭洪
责任编辑　罗　风
责任校对　苏深灿
装帧设计　李彦媛　黄妙婕　杨若媛　梁　良
责任印制　陆　弟

出 版 人　岑　刚
出　　版　广西科学技术出版社
　　　　　广西南宁市东葛路 66 号　邮政编码　530023
发行电话　0771-5842790
印　　装　广西民族印刷包装集团有限公司
开　　本　710 mm×1030 mm　1 / 16
印　　张　3.25
字　　数　47 千字
版次印次　2025 年 4 月第 1 版　2025 年 4 月第 1 次印刷
书　　号　ISBN 978-7-5551-2424-5
定　　价　19.80 元

只要我一息尚存，我存在的场所便是病房，存在的价值便是医治病人。

——林巧稚墓碑文

1901 年 12 月 23 日，林巧稚出生在厦门鼓浪屿。

鼓浪屿四周云海苍茫，日光岩下金色的沙滩和白色的海浪交织成画，蓊郁的绿叶和满树的鲜花掩映着风格各异的楼群、庙宇、平房、园圃，正应了诗人所说的"水上的鼓浪屿，一只彩色的楼船"。

林巧稚的家，坐落在飘着花香的鼓浪屿街巷里，是一幢白色的三层欧式洋楼，当地人称"小八卦楼"。

　　林巧稚的父亲林良英，早年下过南洋，会讲一口流利的英语，回到鼓浪屿后成为一名教师。母亲何晋是一名善良勤劳的家庭主妇。林巧稚还不到五周岁时，母亲因病离世。

　　母亲病逝后，父亲身体大不如前，年长林巧稚十三岁的哥哥林振明便退学回乡创业，和父亲一起担负起养家的重任。1906 年秋，林巧稚进入英国人开办的幼儿园学习；1908 年，就读于鼓浪屿怀仁学校。

　　港仔后的沙滩上，晚风轻拂，夕阳把海水染成金红色。忙完一天工作的父亲经常牵着巧稚的小手漫步于此。父女俩用英语交流，有说有笑。

　　上学路上，鸟语花香，榕树苍劲繁茂，三角梅披挂上阵。哥哥负责接送林巧稚，她总是拉着哥哥的手，好奇地问这问那。

林巧稚的父兄开明且有远见，让她从小接受良好的启蒙教育，使她跳出了旧中国女人早早结婚生子、围着锅台转的怪圈，更避免了"小脚一双，眼泪一缸"的厄运。

1911 年，林巧稚考入鼓浪屿高等女子师范学校。她学习成绩优异，曾十二门功课中九门位列年级第一；她是学校的篮球队队长，曾带领队伍打出鼓浪屿，到厦门去参加比赛；她热心公益，经常去做义工；她心灵手巧，编织、缝纫、刺绣样样精通。主管学校的英国人卡琳老师称赞她："拥有如此灵巧双手的人适合去做外科医生。"

卡琳老师特别欣赏林巧稚的才华，想方设法为她提供好的发展空间。1921年，卡琳老师知道北京协和医学院招生的消息后，第一时间找到林巧稚，郑重地对她说："一定要把握这次招生机会，不要犹豫，以你的能力，一定能考上。"

　　林巧稚很珍惜这次机会，但她又怎能不犹豫呢？家里二十来口人，侄子侄女读书也要用钱，父兄的负担已经很沉重了。到北京协和医学院就读，学费贵不说，还一读就是八年。看到林巧稚犹豫不决，卡琳老师便找到林巧稚的父亲，希望他给予林巧稚支持。父亲说，不为良相，当为良医，让林巧稚学医也是他的心愿。哥哥嫂子一直对林巧稚寄予厚望，更是坚定不移地支持她去报考，还提前给她安排好行程，打点好行囊。卡琳老师联系到上海基督教青年会馆，给林巧稚安排好了住处。

　　北京协和医学院设立的南部考点在上海，选拔考试用时三天。七月的上海天气特别炎热，每场考试下来，林巧稚的汗水都浸透了衣背。最后一科是林巧稚最擅长的英语，她聚精会神地作答，在一道英译汉的题中遇到一个生词——"bike"。她在家乡鼓浪屿没见过自行车，一时不知该怎么翻译，只能根据上下文猜测，最后翻译为"供一人自行使用的两轮车"。医学界有句名言说，路上的车有两种，兜风或赴约，兜风只讲理论，赴约则是瞄着疗效。显然，林巧稚的"bike"是要"赴约"北京协和医学院的。

　　突然，考场上有一名女同学中暑昏厥，一头栽倒在地，紧接着考场一阵混乱。主监考是位男老师，一时手足无措。林巧稚感觉情况紧急，赶紧起身跑过去，把这个女孩架到自己身上，非常吃力地把她带到休息室，迅速给她降温、喂水、服药，等她症状明显好转了才返回考场，但考试已经结束了。

　　北京协和医学院这次招生，报考人数超过500人，最终只录取25人，竞争激烈，容不得半点疏忽。林巧稚连自己最有优势的科目的卷子都没答完，她怎能不感到遗憾呢？

考试科目：英語

也许有些意外，但又在情理之中。一个月后，北京协和医学院给林巧稚发来了录取通知书。

原来，当天的主监考老师写了一份考场说明附在林巧稚的英语卷子后面。老师赞扬她有着乐于助人的良好品德和沉稳果断的处事风格，尤其强调了她英语口语流利、表达准确清晰。这个额外的说明加上林巧稚其他科目的成绩都非常优异，让挑剔的北京协和医学院没有错过这个优秀的人才。

1921 年 9 月，林巧稚入读北京协和医学院。

北京协和医学院条件和待遇优越，但给刚入学的医学生带来的压力也非常大。预科三年，科目多、难度大不说，及格标准也是 75 分的高标准，有一门主课不及格就要留级，两门不及格就会被淘汰。预科关、实习关和毕业分配关，关关难过。此外，如果拿不到奖学金，纯粹自费的话，一年学费加生活费高达 400 元钱（当时普通人家一个月 10 元钱就可以生活）。

对林巧稚来说，最难的是预科三年中学分占比较大的物理和化学，因为这两科她要从零基础开始学起。

　　"古之立大事者，不惟有超世之才，亦必有坚忍不拔之志。"林巧稚谨记父亲"不为良相，当为良医"的教诲，面对巨大的学业压力，她没有丝毫退缩，而是直面困难、刻苦学习。

　　人们说北京协和医学院有"三宝"，即教授、图书馆和病案。这说明北京协和医学院有其他同类院校无可比拟的教学资源，也彰显了北京协和医学院理论与实践并重的育人理念。在北京协和医学院求学的八年里，林巧稚全面发展，科科成绩都优秀，1929 年 6 月毕业时获医学博士学位，并获得"文海"奖学金。

　　林巧稚多希望哥哥嫂子此时就在身边，她要亲手把奖学金交到他们手里，让他们一起分享此刻的幸福与荣耀。1926年春父亲病逝后，哥哥嫂子克服重重困难支持她继续完成学业，甚至一度让侄子嘉通暂停了学业，这份比海深的恩情林巧稚铭记了一辈子。后来，侄子嘉通和侄女瑜铿、懿铿先后考入燕京大学，来到姑姑身边，林巧稚悉心呵护，并负担了孩子们的学习费用。

1929 年 7 月，林巧稚被聘为北京协和医院妇产科助理住院医师。她穿上协和医生专属的白色医生服，面带自信的笑容，步履轻盈地走在医院的走廊里，她的职业生涯开始了。

林巧稚身材苗条，青春洋溢，自信又潇洒。她在大学期间就苦练基本功：为了找准血管，她会反复在自己手上、胳膊上扎针练习；为了让伤口缝合处平整、好看，她会反复做缝合练习……也许是因为对事业长期精益求精的追求，让她的气质中藏着学识和境界，所以她接诊的妇女都会亲近她、信任她。

林巧稚的诊室每天都排着长长的等待就医的队伍。被疑难杂症折磨着的妇女和幼儿，让林巧稚触目惊心。

旧中国妇女地位低下，加上医疗卫生条件落后，很多病患得不到及时治疗，最后往往拖成绝症。

在那个多灾多难的时代，林巧稚没有袖手旁观，而是选择冲在创造生命奇迹、护佑苍生的第一线。在林巧稚的床头，有一部另一端始终连着妇产科医生值班室的老式拨盘电话，她随时接听，一有需要立即奔赴救治现场，她说自己要"做一辈子值班医生"。

1929年冬，一天深夜，北风呼啸，大雪纷飞，床头电话的铃声把林巧稚从睡梦中惊醒。一名急诊患者病情危重，而妇产科主任马士敦先生无法及时赶回医院，于是林巧稚果断组织手术进行抢救。她沉着冷静，最终凭借过硬的技术让患者转危为安。这是她独立完成的第一台手术。当时林巧稚还是实习医师，如果手术失败，她的职业生涯将止步于此，但她没有考虑个人得失。

正所谓"凡大医治病，必当安神定志，无欲无求，先发大慈恻隐之心，誓愿普救含灵之苦"，林巧稚就这样行进在大医之路上。

　　林巧稚始终认为，医学不仅仅是与老弱、残病、死亡对抗，更重要的是要给予就医者精神关怀和深切抚慰。她从做实习医生开始到成为誉满天下的一代名医，在诊疗的过程中始终谦和有礼，和蔼亲切。她会轻轻抚摸病人的头，帮助产妇擦汗，给产妇按摩身体，随手给病人披好被子……任何一个医生都不能保证治好所有患者，但在林巧稚这里，患者能体会到自己是被好好关心的人。对患者的爱心和耐心似乎有着神奇的魔力，林巧稚接诊的疑难病症患者，基本很快就会向好。

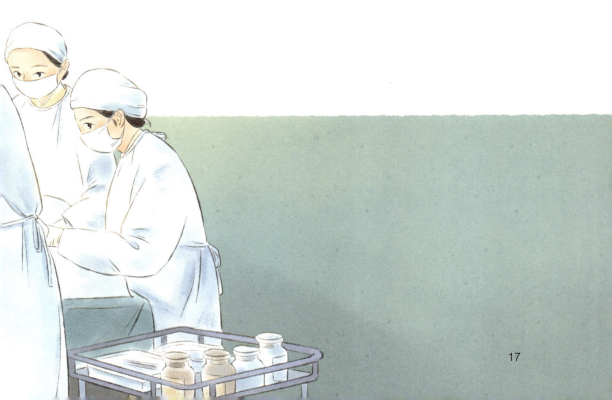

　　一年后，林巧稚升为住院医师。当时北京协和医院规定住院医师要 24 小时在医院，而且女住院医师聘任期间不能婚育，否则解聘。

　　旧中国的妇女思想保守，大多数妇女宁可病死也不会找男医生看妇科病，所以在当时，一名妇产科女医生受妇女欢迎的程度是今天无法想象的。林巧稚接受协和不近人情的规定，始终坚守在妇产科一线，把全部身心都投入守护妇女儿童生命健康的事业中。

　　1931 年，林巧稚升任为北京协和医院妇产科住院总医师，同时被聘为北京协和医学院妇产科学系助教。

　　林"住院总"需要制订全部住院病人治疗、产妇分娩、新生儿护理等方案，还要结合实际情况合理安排医护人员的工作。从产科到妇科，从临床手术到检查病房，她都事无巨细，安排得井井有条，展现出非凡的组织协调能力。在她的带领下，妇产科上下级医护配合默契，医患关系和谐，病房干净整洁。同时，住院总医师的职位带来的大量临床实践机会，也使林巧稚得到了充分的锻炼。

林巧稚说，产妇不是病人，而是需要帮助的人，她把自己和孩子都交给了唯一能帮助她的医护人员，所以在生命诞生的现场，医护人员要以庄严仁慈之心做个温柔的守护者，这个时候，饥饿、劳累、困倦都不算什么。

她认为她接生的婴儿就是"Lin Qiao Zhi's Baby"（林巧稚的孩子），并在他们的出生证明上郑重地写上自己的名字。

在林巧稚眼里，病人、产妇、婴儿是需要重点呵护的生命，阻断威胁他们生命健康的疾病肆虐就是她一生致力的方向。当时，她告诫自己要远离政治，以一个"高级技术家"的身份来行医济世。

1932年7月，林巧稚到英国进修。在妇产科主任马士敦先生的大力帮助下，她在英国剑桥、伦敦、曼彻斯特等地参观访问了多家研究机构和医院，还参与了英国皇家医学院博朗博士的"小儿宫内呼吸"课题研究。她充分利用伦敦丰富的图书资源，一有空就带上一块夹心面包到图书馆学习，沉浸在书海中。

20世纪30年代，林巧稚发表了《用造袋术治疗后腹壁囊肿一例》《新生儿自发性肺气肿》《在协和医院生产的畸形头胎儿》等多篇有影响力的论文。

1937年，林巧稚被聘为北京协和医学院妇产科副教授。卢沟桥事变后，北京协和医院有些外国专家离开了中国。有人也劝林巧稚到国外发展，但她认为战火中的妇女儿童更需要医生，坚持留在国内行医。事实上，在动荡不安的时局下，难产的孕妇确实有所增加。

1939 年底，林巧稚被派往美国参观学习。当时北京协和医院的妇产科主任慧狄克在一封推荐信中说，林巧稚颇受驻中国外交使节夫人们的信赖和赏识，是一个活泼果断的女人。

1940 年，林巧稚受聘为美国自然科学荣誉委员会委员。

芝加哥大学妇产科学系的爱帝尔博士在与林巧稚合作的过程中，发现她是个不可多得的妇产科专家，便希望她留在美国，并说美国能提供比较优越的个人待遇和实验条件。林巧稚说，来美国学习是为了办好协和妇产科，"我要留在中国的女人和孩子们中间，她们更需要我"。

　　1942年初，北京协和医学院被日军占领，医院停止运营，林巧稚失业了。她的侄儿、燕京大学教授林嘉通被日军拘押，福建厦门鼓浪屿的家人在沦陷区艰难度日，侄女懿铿的丈夫、协和儿科医生周华康也失业在家。

　　林巧稚第一次感到自己安身立命的协和仿佛是一座孤岛，她在孤岛上被现实的巨浪掀翻了。远离政治，以"高级技术家"的身份来行医济世的理想，在残酷的战争面前变得遥不可及。

　　林巧稚茫然无措，但她是全家的主心骨，必须振作起来。

　　1942年5月，在北平（今北京）东堂子胡同10号，林巧稚与周华康合力创办了私人诊所，诊所主要接诊妇产科和儿科病患。

　　林巧稚走入寻常巷陌百姓家，走入最底层民众的日常生活，目睹贫穷、愚昧吞噬着妇女的健康，践踏着妇女的尊严，同时深切感受到底层民众的奋力挣扎和坚忍。她带着怜惜和悲悯，为妇女检查、治疗，教导患者自我护理、自我保护的方法。患者感恩遇到协和名医，称她为"活菩萨"。

中国妇产科学奠基人林巧稚

25

　　林巧稚把挂号费调低两角钱，诊疗时也想方设法为患者省钱。她的诊包里有个夹层，是专门用来放为贫苦患者准备的救济款的。

　　有一次，一个家在永定门外的产妇，因为难产，生命危在旦夕，家人前来求医。林巧稚不顾雨夜天黑路滑，背起诊包就走。因为胎儿横位，产妇已被折磨得虚脱。在林巧稚一次次的耐心引导、鼓励和精心照顾下，产妇重新树立了信心。终于，一声洪亮的婴儿啼哭冲破了黎明前的黑暗。林巧稚整整熬了一夜，但她不仅分文不取，临走时还给产妇留下了一些钞票。

　　六年时间，诊所接诊了近九千个病患。

　　不久后，原先在北京协和医院的同事钟惠澜找到林巧稚，邀请她来重建北平中央医院（后更名为中和医院）的妇产科。同一时期，北京大学医学院也聘请林巧稚为妇产科学系主任、教授。

　　林巧稚把胡同里的诊所改为半天接诊，她在中和医院、胡同诊所和北京大学医学院之间日夜奔波、忙忙碌碌。林巧稚在医疗救治一线竭尽全力、行医济世，仿佛为这苦难岁月点亮了一盏发着暖光的灯烛。

1948 年 5 月，北京协和医院复院，林巧稚被聘为妇产科主任及北京协和医学院教授。在她的精心培养下，一批优秀的中国医护人员逐渐成长起来。她的学生葛秦生、叶慧芳等都已成为行业翘楚。

有一次，实习生每人都上交了一份临床观察作业，只有一份被林巧稚评为"Good"（好）。其他同学仔细对比后发现，这份作业中比其他作业多了一句"产妇的额头上冒出了豆粒大的汗珠"。林巧稚给学生传达出这样一种理念：医生看的是生病的人，而不是填病例的表。

　　1948年底，北平物价飞涨，乞丐成群，垃圾污水遍地，连寒风中仿佛都裹挟着阵阵恐慌。很多人劝林巧稚到国外发展，但在她的心中根植着中国医生要在中国的病人中发挥作用的理念，没有想过离开。

　　1949年1月31日，北平和平解放。2月3日，中国人民解放军举行盛大的入城仪式，全副武装地经过东交民巷外国使馆界，宣示中国人民站起来了！北京协和医院距离东交民巷较近，林巧稚实实在在地感受到新中国诞生了。

党和政府对林巧稚这样悬壶济世的医疗专家非常重视，特意给她送来开国大典的请柬。林巧稚一直坚持做置身于政治之外的"高级技术家"，面对这个红色请柬竟有些不知所措。虽然林巧稚最终没有出席开国大典，但是这封请柬却成为她重新思考个人与国家关系的起点。从此，她逐渐融入国家医疗卫生建设的洪流中，真正走上了人民医学家之路。

1949年10月，察哈尔省察北专区（今河北省西北部和内蒙古自治区东南部）暴发鼠疫，新中国各级政府部门闻令而动，果断、迅速地控制住了疫情，林巧稚也投入了这场疫情防控战。

中华人民共和国成立初期，政府免费为人民接种牛痘、伤寒、霍乱等疫苗，从根源上阻断了严重威胁人民生命安全的恶性疾病的传染，同时进行儿童计划免疫，关注儿童成长健康。

林巧稚看着北京协和医学院广场上为人民服务的医疗车，不禁感慨万千。旧中国仿佛被一张无边蔓延的贫穷落后的大网覆盖，即使她为接诊的所有贫苦患者打折、免费、馈赠钱款，也只是照亮一隅的微光，而今的新中国，人民政府为人民，医护人员跟党走，真正迈向了人民健康的伟大事业。

新中国每天都在发生着令人欣喜的变化，林巧稚无比高兴和激动。1952年，她在《人民日报》发表了《打开"协和"窗户看祖国》一文。她说："过去三十多年，我从'协和'窗内看祖国，炮声愈响，我把窗户关得愈紧……打开了三十多年关紧的窗户，伸出头去'歌唱我们亲爱的祖国，从今走向繁荣富强'……"

林巧稚从协和象牙塔走出来，热情洋溢地投入人民医疗卫生事业的建设浪潮中。

中国妇产科学奠基人林巧稚

33

从 1954 年开始，林巧稚先后担任第一至第五届全国人民代表大会代表，第三至第五届全国人大常委会委员，政协第三届全国委员会常委会委员，还担任过全国妇联副主席等职，1955 年被聘为中国科学院学部委员（院士）。她谨记荣誉、地位来自人民，"我是人民的一员，一个替人治病的普通医生"。

1956 年，国务院批准在北京筹建妇产医院。林巧稚建议选址在故宫东侧骑河楼街道市中心一带，以方便患者就医。关于产房、婴儿室、哺乳室、观察台等的布局，甚至细致到床、桌、椅等用具的大小高低，林巧稚都提出了中肯的建议。

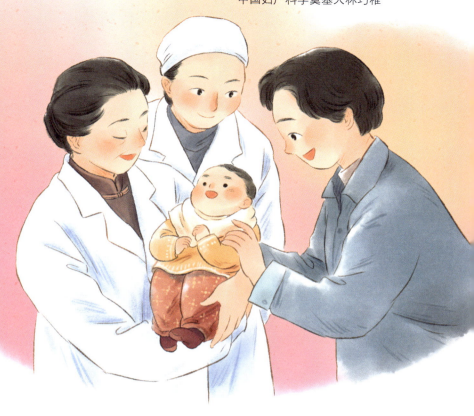

　　"良医者，常治无病之人，故无病。"林巧稚重视预防，把疾病预防放在首位。1958年，在她的努力下，北京市对适龄妇女进行了大规模妇科普查。在这次普查的推动下，关爱妇女健康在中国日益成为社会新风尚。

　　林巧稚领导下的协和妇产科在20世纪50年代就已设立生理产科、病理产科、计划生育、妇科肿瘤、妇科病理、妇科内分泌等专业组，对中国现代妇产科学的发展有奠基之功。

　　1962 年，一对夫妻怀着忐忑不安的心情给林巧稚寄来一封信。他们在信中说自己已经失去四个孩子了，其中有三个都是在出生几天后浑身变黄夭折的，希望现在怀着的第五个孩子由林大夫接生，给孩子争取一线生机。

　　当时，这种新生儿溶血症患者在中国还没有被治愈的先例。接诊，医护人员将面临前所未有的挑战；不接，未来再有这样的病例依然会束手无策，不知还将有多少家庭承受失去孩子的痛苦。林巧稚遍查国外期刊相关资料，谨慎论证可行性方案，毅然决定接诊。

　　男婴出生几个小时后，粉嫩的肤色逐渐被黄疸色素吞没，生命垂危。一例手术的成功，决策比刀法更重要。林巧稚果断决定实施脐带换血方案。她把焐热的听诊器按在婴儿的心房处，不断提醒医生控制抽血和输血的速度，400毫升新鲜血液输了好几个小时。置换的血液温度、流速、流量、添加钙液剂量等都经过林巧稚的精密测量和计算。七天七夜，林巧稚一直守护在孩子身边，终于，孩子身上的黄疸色素消退了。

　　这个婴儿成为有记录以来中国首例成功手术的新生儿溶血症患者。孩子的父母给孩子取名"协和"。

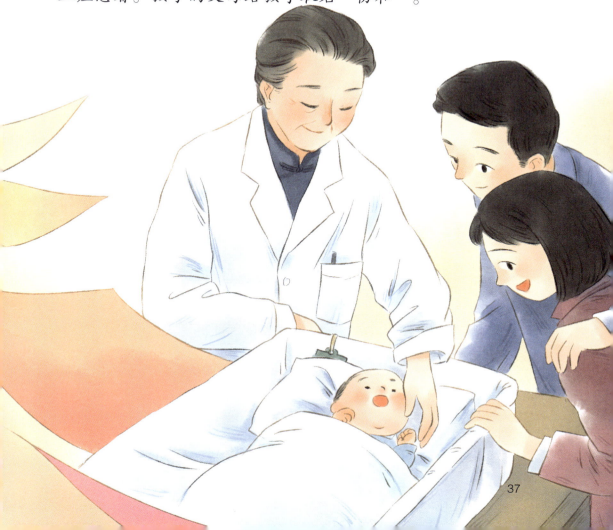

　　林巧稚把来自全国各地的患者求助信件都看作是人民的呼唤和信任，她不想让任何一个患者失望。对于疑难病症，她有的进行远程技术指导，有的让患者入京就诊，绝不轻言放弃。她挽救了因多次手术伤口不能愈合的军嫂生命，保证了妊娠合并巨大肾脏肿瘤的产妇母子平安，切除了患者 28.35 千克的肿瘤……

　　那些被林巧稚精心救治而转危为安的产妇给孩子取名"念林""依林""敬林""仰林"……孩子的照片从全国各地飞到林巧稚的办公桌上，千家万户与她分享着孩子健康成长的幸福。

1965 年 6 月，由黄家驷、曾宪九、林巧稚、周华康等著名医学专家组成的农村巡回医疗队奔赴湖南湘阴县。三个月时间里，林巧稚在两个医药箱子、一副门板搭起的简陋诊台上，接诊了 1300 多人。她不顾大雨倾盆、道路泥泞，经常走村入户，全心全意治病救人。

为了造福亿万妇女儿童，她大力培训农村卫生员、助产士，编写了《农村妇幼卫生常识问答》《家庭卫生顾问》《家庭育儿百科全书》等科普读物。她做了最受广大妇女群众欢迎的惠民工作，把党的温暖送到千家万户。

　　中华人民共和国成立后，林巧稚多次出访苏联及欧美国家，并且多次陪同周恩来总理接见外国政要、使节以及国际知名人士：1970年，会见中国人民的老朋友——美国记者埃德加·斯诺；1972年中美关系正常化后，以中华医学会代表团副团长的身份出访美国；1973年出席第26届世界卫生大会，并受聘为世界卫生组织医学研究顾问委员会顾问……这位有着西式教育背景、穿着中式旗袍的中国女医学家，自信地传达着中国声音，讲述着妇女医疗事业进步的中国故事。

　　林巧稚经常告诫学生和助手，"病情特殊才是真正特殊，和患者身份高低贵贱无关"，"看病不是修理机器"，"医生永远要到病床前，做面对面的工作"，"临床医生不要脱离临床，离床医生不是好医生"……这些都成为协和妇产科医生代代相传的名言。对于疑难病症，林巧稚从不避重就轻，不仅自己直面挑战，还甘为人梯，做出高瞻远瞩的战略安排。她的学生宋鸿钊、吴葆桢、葛秦生、连利娟、严仁英、朗景和等，在她多年积累的基础上不断钻研，攻克了多个难关。

　　长期超负荷工作，加之年事已高，1978年12月，77岁的林巧稚一病不起。住院治疗期间，她有一种前所未有的紧迫感。她坚持用颤抖的手在病床上、轮椅上编撰了《妇科肿瘤学》一书。这部专著的撰写历时四年，50多万字，集林巧稚毕生所学、临床经验、研究成果、治疗方法之大成。此书在第二版发行时，经行业专家倡议，改名为《林巧稚妇科肿瘤学》，成为一本冠名教科书。

　　写完书，林巧稚安排了后事：将个人积蓄三万元捐给医院托儿所，遗体供医学研究，骨灰撒入家乡鼓浪屿大海。

　　1983年4月22日，林巧稚在北京病逝，享年82岁。她临终前最后一句话是："快，拿产钳来！……又是一个胖娃娃……"在场的人无不为之动容。

　　林巧稚一生未曾婚育，却亲自接生了五万多名婴儿。她用无私的爱托起生命的太阳，被尊称为"万婴之母"。

　　她为新中国妇产科学的创建和发展倾注了大量心血，为我国妇产科学界培养了一代又一代优秀接班人，造福了亿万妇女儿童。

　　她做了"一辈子的值班医生"，是全心全意为人民服务的人民医学家。

　　1984年，"毓园"——林巧稚纪念馆在厦门鼓浪屿落成。碧海琴音中，鼓浪屿迎回了她的女儿。

延伸阅读

林巧稚生平

林巧稚（1901年12月23日—1983年4月22日），中国妇产科学开拓者和奠基人，卓越的人民医学家、医学教育家、社会活动家，中国科学院学部委员（院士）。曾任北京协和医院妇产科主任。1959年先后任北京妇产医院院长、中国医学科学院副院长。亲手接生了五万多名婴儿，被尊称为"万婴之母"。

主要社会任职

时间	职务
1953年	全国妇联执行委员会委员
1954年—1983年	第一至第五届全国人民代表大会代表
1956年	中华医学会副会长、中华医学会妇产科学分会主任委员
1959年4月—1964年12月	中国人民政治协商会议第三届全国委员会常委会委员
1973年—1977年	世界卫生组织医学研究顾问委员会顾问
1978年	中国医学科学院第一届学术委员会委员、中国医学科学院临床医学委员会委员
1980年	国家科学技术委员会计划生育、医学专业组成员
1981年	中国医学科学委员会委员

主要外事活动

1953年5月23日	出席在奥地利首都维也纳举办的世界医学会议；受邀访问苏联，并到捷克考察
1970年	会见美国记者埃德加·斯诺

续表

1972 年	以中华医学会代表团副团长身份出访美国、加拿大、法国；在京接待访华的尼克松夫妇
1973 年 5 月 7 日	出席第 26 届世界卫生大会
1973 年—1977 年	出席一年一度在日内瓦召开的世界卫生组织医学研究顾问委员会会议
1973 年	随同周恩来总理接待日本、科威特友人及李政道等客人
1974 年	对瑞士、法国医疗卫生研究机构进行考察
1974 年 12 月	率团访问伊朗
1978 年	以中国人民友好代表团副团长身份出访西欧四国
1980 年	会见、接待外宾

纪念林巧稚

毓园

1984 年，林巧稚逝世一周年之际，厦门市人民政府在距离林巧稚故居不远处的鼓浪屿东南部复兴路南端修建了开放的纪念性公园——毓园，以此缅怀人民医学家、鼓浪屿的优秀女儿林巧稚医生。"毓"是会意字，是"育"的异体字，《说文解字》中解读为"养子使作善也"，《广雅》中解读为"毓，长也，稚也"，由"养育小儿"可引申出幼小之意，即"稚"也。所以毓园之"毓"，有葱郁、养育、孕育、育人之意，又与林巧稚的"稚"字相呼应。"毓"字既与园林中松竹兰桂风貌相符，又与林巧稚毕生追求相合，可谓巧妙至极。

毓园占地 5700 平方米，是一座典型的台地式园林。毓园所处位置北低南高，设计者依势将其分为六层地台，由修剪整齐的绿植篱墙合围。从毓园东北角沿着绿篱拾级而上，第一层是入口景墙区。第二层为"希望"雕塑广场，圆形广场中间的鲜花丛中有一座雕像——两只洁白如玉的手托举着一名初生的婴儿。第三层是南洋松区，两棵南洋松是 1984 年邓颖超同志亲手种植的，寓意生机勃发。第四层是"十"字形花坛簇拥下的林巧稚汉白玉雕像广场。第五层是林巧稚纪念馆，2016 年，全国妇联授予林巧稚纪念馆"全国妇女爱国主义教育基地"。第六层是"成长"铜像区，五个快乐的小朋友挽手而立，寓意林巧稚亲手接生了五万多名婴儿。

毓园既有铜石塑像、几何图形绿植雕塑等西方台地式园林的典型特征，也有中式园林疏密有致、层次丰富的植物景观配置。这种中西合璧的设计也符合林巧稚大夫虽从小接受西式教育，但出席重要场合时都穿中式旗袍的爱国主义形象。

《中国现代科学家（第二组）》林巧稚纪念邮票

1990 年 10 月 10 日，邮电部发行《中国现代科学家（第二组）》纪念邮票。这组邮票一共 4 枚，其中第 1 枚邮票主人公为林巧稚。

"妇产科好医生·林巧稚杯"

2012 年，为奖励在中国妇产科事业中做出杰出贡献的医学工作者，中国医师协会妇产科医师分会设立"中国妇产科医师奖"。2014 年，该奖项更名为"妇产科好医生·林巧稚杯"，是中国妇产科领域的最高荣誉。

北京协和医院对林巧稚的纪念

林巧稚大夫病逝后，每年 12 月，北京协和医院妇产科都会召开纪念林巧稚诞辰活动，40 多年从未间断。2021 年，在纪念林巧稚诞辰 120 周年大会上，北京协和医学院王辰院校长在讲话中强调，林巧稚大夫是协和最杰出的代表，是协和文化的象征；她从协和毕业，不仅教育了协和的学生，更教育和引导了整个医学界；她悲悯天下、等视众生、尽职履职的崇高风范，撑起了道德的高度和做人的境界；希望通过纪念活动学习林大夫的事迹与品格，培养出更多林巧稚式的好医生。

北京协和医院成立初期建成的大楼西门主入口，立有林巧稚大夫雕像，雕像前一年四季鲜花不断，人们发自内心地崇敬、感激和思念这位"万婴之母"。